VADE-MECUM

A L'USAGE DES

MAGISTRATS CONSULAIRES

DANS LES

Liquidations judiciaires et Faillites

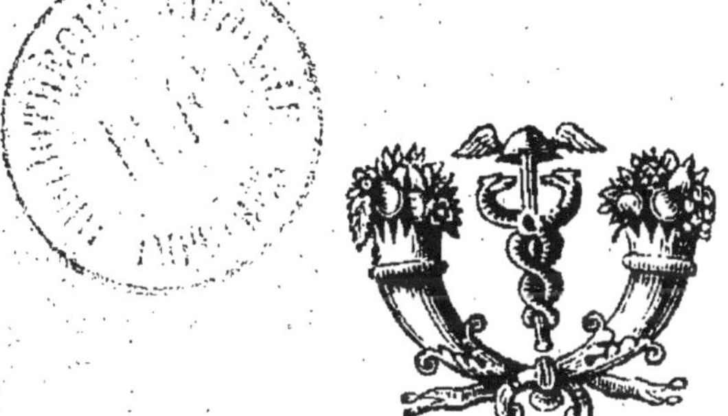

PRIX : 1 FRANC

NIMES

F. MAUBON, LIBRAIRE-ÉDITEUR

18, boulevard Victor Hugo, 18

1894

VADE-MECUM

A L'USAGE DES

MAGISTRATS CONSULAIRES

DANS LES

Liquidations judiciaires et Faillites

———

DEUXIÈME ÉDITION

———

NIMES

L. MAUBON, LIBRAIRE-ÉDITEUR

18, boulevard Victor-Hugo, 18

1894

VADE - MECUM

A L'USAGE DES

Magistrats Consulaires

DANS LES

LIQUIDATIONS JUDICIAIRES OU FAILLITES

Il arrive le plus souvent que des magistrats consulaires, nouvellement élus, n'ont pas eu le temps d'acquérir toutes les connaissances nécessaires dans la pratique des délicates fonctions de Juge-Commissaire, et se trouvent ainsi exposés à des surprises ou à commettre, très involontairement, certaines omissions de procédure, malgré le zèle qu'ils désirent apporter dans l'accomplissemeut des fonctions toutes désintéressées qui leur sont confiées.

Bien que ces omissions ne lèsent en rien

l'intérêt des créanciers, elles ne donnent pas moins prise à la critique malveillante.

Convaincu qu'il ne suffit pas au Juge-Commissaire d'exercer son mandat avec la plus grande équité, mais qu'il est encore indispensable, pour maintenir le prestige de ces fonctions, qu'elles soient remplies avec fermeté et une connaissance suffisante des droits et des devoirs des créanciers, non moins que des règles qui régissent la procédure, nous avons cru faire une œuvre utile en facilitant la tâche des magistrats par la créaton d'un *Vade-Mecum* pratique qui mentionne succinctement les principaux droits et devoirs du Juge-Commissaire dans les Liquidations Judiciaires comme dans les Faillites et indique les articles de loi qui régissent la matière,

Henri DIDIER,
Président du Tribunal de Commerce de Nimes.

DROITS ET DEVOIRS

DES JUGES-COMMISSAIRES

dans les Liquidations judiciaires comme dans les Faillites

—

Les articles 452 à 454 du Code de commerce s'appliquent aux fonctions de juge commissaire dans les Liquidations Judiciaires comme dans les Faillites.

Pour éviter les irrégularités qui peuvent se produire, le Juge-Commissaire devra veiller scrupuleusement à l'observation des règles sommairement indiquées ci-après :

Dans la quinzaine de leur entrée ou de leur maintien en fonction, les Liquidateurs ou Syndics doivent adresser à leur Juge-Commissaire un mémoire provisoire énonçant les causes et circonstances principales, ainsi que le carac-

tère de la liquidation judiciaire ou de la faillite,
Ce mémoire doit être transmis au Procureur
de la République par le Juge-Commissaire qui
l'accompagne de ses observations, s'il y a lieu,
(Art. 482 du Code de Commerce).

Le Juge-Commissaire doit surveiller les opérations de la liquidation judiciaire ou de la
faillite et la gestion du Liquidateur ou Syndic.
Il doit surtout veiller strictement à ce que le
Liquidateur ou Syndic opère, d'une manière
régulière et conformément à la loi, le verse-
ment à la Caisse des dépôts et consignations de
toutes les sommes disponibles des liquidations
judiciaires ou faillites.

ASSEMBLÉES DE CRÉANCIERS

—

Il est bon de rappeler que le Juge-Commissaire doit apporter le plus grand soin dans l'accomplissement de la mission délicate que lui impose la présidence des assemblées de créanciers convoqués par son ordre.

Il doit éclairer les créanciers sur l'objet de l'assemblée, sur la matière mise en délibération, sur l'étendue de leurs droits, sur leurs devoirs et, en outre, prémunir chacun contre les déchéances et les peines auxquelles l'inexpérience pourrait l'exposer.

A cet effet, il donne lecture du texte même des articles de la loi relatifs à la délibération.

Pour le maintien ou le remplacement du Liquidateur ou Syndic (voir article 9 de la loi du 4 mars 1889 et les articles 462 à 464 du Code de Commerce).

Pour la vérification et affirmation des créances (voir article 12 de la loi du 4 mars 1889 et les articles 493 à 503 du Code de Commerce).

Pour le concordat (voir les articles 9, 14 et 15 de la loi du 4 mars 1889 et les articles 504 à 511 et 529 à 531 du Code de Commerce).

Lorsqu'il préside une assemblée de créanciers, le Juge-Commissaire doit être assisté du Greffier.

La police des assemblées de faillites ou liquidations judiciaires appartient au Juge-Commissaire et, à cet égard, il a les mêmes droits et les mêmes pouvoirs que le Président à l'audience le Tribunal siégeant (voir les articles 88 à 92 du Code de Procédure civile, 181, 504, 505 et 506 du Code d'Instruction criminelle pour la police de l'audience et la répression des délits).

PREMIÈRE ASSEMBLÉE

Maintien ou remplacement des Liquidateurs ou Syndics. Nomination des Contrôleurs.

(Article 9 de la loi du 4 mars 1889, et 462 à 464 du Code de Commerce)

Le liquidé ou failli doit être présent à cette Assemblée.

Il donne aux créanciers, ou le Liquidateur ou Syndic pour lui, des renseignements sur la situation apparente de la Liquidation, ou faillite.

Le Juge-Commissaire demande ensuite aux créanciers s'ils désirent maintenir le Liquidateur ou Syndic nommé par le Tribunal. Sur leur réponse affirmative il déclare le Liquidateur ou Syndic maintenu dans ses fonctions. Si des oppositions se produisent il doit inviter les opposants à en faire connaître les motifs qui doivent être consignés au procès-verbal pour être soumis au Tribunal appelé à statuer. Il consulte ensuite les créanciers sur la nomination d'un ou deux contrôleurs.

Les créanciers peuvent déclarer qu'il n'y a pas lieu de nommer des contrôleurs ; toutefois le Juge-Commissaire doit leur rappeler que la loi leur permet d'en nommer à toute époque de la liquidation.

Si un ou plusieurs créanciers demandent la nomination de contrôleurs, le Juge-Commissaire fera procéder au vote.

Les mandataires nantis de pouvoirs irréguliers ou non enregistrés ne peuvent pas prendre part au vote.

Si la majorité des créanciers présents ou représentés est d'avis de nommer des contrôleurs, le Juge-Commissaire fait procéder au vote pour le choix des candidats à cette fonction.

DEUXIÈME & TROISIÈME ASSEMBLÉES

Vérification et Affirmation des Créances
*(Article 12 de la loi du 4 mars 1889 et 493 à 503
du Code de Commerce).*

Les pouvoirs des créanciers représentés devront être déposés au Greffe ou remis au Liquidateur ou Syndic avant l'affirmation des créances. Ces pouvoirs qui ne seront reçus qu'après enregistrement, devront énoncer les nom, prénoms, qualités et adresse du mandataire, suivis du bon pour pouvoir, signés du mandant.

A cette assemblée, le Liquidateur ou Syndic, sur l'invitation du Juge-Commissaire, appelle chaque créancier vérifié en indiquant le nom du créancier et le montant de la créance.

Le Juge-Commissaire demande au créancier ou à son mandataire s'il affirme la sincérité de sa créance ; sur sa réponse affirmative, et après avoir demandé aux créanciers s'ils n'y font pas opposition, il déclare la créance admise.

En cas de contestation d'une créance, soit de la part du Liquidateur ou Syndic, soit de la part des créanciers, le Juge-Commissaire renvoie cette créance devant le Tribunal à la plus prochaine audience à laquelle il pourra siéger.

ASSEMBLÉE POUR LE CONCORDAT

*(Articles 9, 14 et 15 de la loi du 4 mars 1889 et 504
à 511 et 529 à 531 du Code de Commerce)*

Il est nécessaire qne le procès-verbal de la
réunion pour le concordat mentionne le nom
de tous les créanciers vérifiés et affirmés ou
admis par provision présents ou représentés à
la réunion.

A cet effet, aussitôt après l'ouverture de la
séance et l'exposé sur l'objet de la réunion, le
greffier, sur l'ordre du Juge-Commissaire, fait
l'appel nominal de tous les créanciers sus visés
et constate exactement le nom de tous les créanciers présents à la réunion.

Après quoi le Liquidateur ou Syndic, sur
l'ordre du Juge-Commissaire, donne lecture
de son rapport sur l'état de la liquidation ou
faillite.

Les créanciers pourront demander la parole
pour présenter leurs observations sur ce rapport, s'il y a lieu.

Le Juge donne ensuite la parole au débiteur pour faire ses propositions, qui sont ensuite résumées par le Juge-Commissaire comparativement aux conclusions du rapport.

Le Juge fait ensuite la lecture des articles 508, 593 paragraphe 2,597 et 598 du Code de Commerce.

Ordre est ensuite donné au Greffier de procéder à l'appel nominal de tous les créanciers vérifiés et affirmés ou admis par provision. A cet appel, chaque créancier doit répondre par oui ou par non, s'il accepte ou s'il refuse les propositions faites par le débiteur.

Le Juge-Commissaire doit strictement veiller à ce que, conformément aux dispositions de l'article 509 du Code de Commerce, tous les créanciers acceptants apposent leur signature au traité concordataire avant la levée de la séance, mais au cas seulement où les deux majorités exigées par la loi seraient acquises.

Lorsque les propositions de concordat ne sont acceptées que par une des deux majorités, le Juge-Commissaire ajourne la délibération à huitaine, pour tout délai, en conformité des dispositions de l'article 509 du Code de Commerce.

Au cas où le concordat n'est accepté par aucune des deux majorités le Juge-Commissaire doit déclarer les créanciers en état d'union, conformément aux dispositions de l'article 529 du Code de Commerce, et inviter ces derniers à faire immédiatement les observations qu'ils pourraient avoir à présenter, tant sur les faits de la gestion que sur l'utitité du maintien ou du remplacement du Liquidateur ou Syndic.

Le Juge consultera ensuite les créanciers sur la question de savoir si un secours pourra être accordé au débiteur sur l'actif de la liquidation ou faillite, en conformité des dispositions de l'article 530 du Code de Commerce.

Si la majorité en nombre des créanciers présents y consent, une somme pourra être accordée au débiteur à titre de secours sur l'actif de la Liquidation ou faillite ; le Juge-Commissaire a seul mandat d'en fixer la quotité sur la proposition du Liquidateur ou Syndic, sauf recours au Tribunal de Commerce, de la part de ce dernier seulement, les créanciers n'étant consultés que sur l'opportunité d'accorder ou refuser le secours.

REDDITION DES COMPTES

Aux termes de l'article 536 du Code de Commerce les créanciers en état d'union devront être convoqués au moins une fois dans la preière année et, s'il y a lieu, dans les années uivantes. Dans ces assemblées les Liquidaeurs ou Syndics devront rendre compte de eur gestion.

Lorsque la liquidation sera terminée, les créanciers seront convoqués. Le liquidé ou failli devra assister à cette assemblée (ou dûment appelé) ; le Juge-Commissaire invitera ensuite le Liquidateur ou Syndic à rendre ses comptes.

Cette formalité remplie, il demandera aux créanciers de donner leur avis sur l'excusabilité du liquidé ou failli. Leur réponse devra être consignée au procès-verbal.

Le Juge-Commissaire déclarera ensuite l'union dissoute.

POLICE DES ASSEMBLÉES DE CRÉANCIERS

Le Juge-Commissaire est investi, dans la présidence des assemblées, d'un pouvoir discréditionnaire et sans contrôle ; tout ce qu'il ordonne pour le maintien de l'ordre doit être exécuté ponctuellement et à l'instant. C'est lui qui donne ou retire la parole, soit aux créanciers, ou à leurs mandataires, soit aux Liquidateurs ou Syndics ou au Greffier.

Ainsi, tout individu, créancier ou non, assistant à l'assemblée, qui ne se tiendrait pas découvert, dans le respect et le silence, qui donnerait des signes d'improbation ou d'approbation, qui causerait ou exciterait du tumulte, tout créancier qui prendrait la parole ou la garderait sans autorisation du Juge-Commissaire et malgré sa défense, pourrait se voir enjoindre par le Juge-Commissaire, l'ordre de se retirer, et s'il résistait, ou s'il rentrait, il serait saisi et déposé à l'instant dans la Maison d'Arrêt pour vingt-quatre heures.

Cet ordre du Juge-Commissaire serait exécuté par provision, et l'individu arrêté serait retenu à la Maison d'arrêt par le gardien, sur la seule exhibition qui lui serait faite de l'ordre du Juge-Commissaire, qui sera mentionné au procès-verbal de l'assemblée et signé du Greffier tenant la plume, ainsi que du Juge-Commissaire.

LOI DU 4 MARS 1889

PORTANT MODIFICATION DE LA LÉGISLATION DES FAILLITES

ARTICLE PREMIER. — Tout commerçant qui cesse ses payements peut obtenir, en se conformant aux dispositions suivantes, le bénéfice de la liquidation judiciaire telle qu'elle est réglée par la présente loi.

ART. 2. — La liquidation judiciaire ne peut être ordonnée que sur requête présentée par le débiteur au Tribunal de Commerce de son domicile, dans les quinze jours de la cessation de ses payements. Le droit de demander cette liquidation appartient au débiteur assigné en déclaration de faillite pendant cette période.

La requête est accompagnée du bilan et d'une liste indiquant le nom et le domicile de tous les créanciers.

Peuvent être admis au bénéfice de la liquidation judiciaire de la succession de leur auteur, les héritiers qui en font la demande dans le mois du décès de ce dernier, décédé dans la quinzaine de la cessation de ses payements, s'ils justifient de leur acception pure et simple ou bénéficiaire.

Art. 3. — En cas de cessation de payements d'une Société en nom collectif ou en commandite, la requête contient le nom et l'indication du domicile de chacun des associés solidaires et elle est signée par celui ou ceux des associés ayant la signature sociale.

En cas de cessation de payements d'une Société anonyme, la requête est signée par le directeur ou l'administrateur qui en remplit les fonctions.

Dans tous les cas, elle est déposée au greffe du Tribunal dans le ressort duquel se trouve le siège social. A défaut du siège social en France, le dépôt est effectué au Greffe du Tribunal dans le ressort duquel la Société a son principal établissement.

Art. 4. — Le jugement qui statue sur une demande d'admission à la liquidation judiciaire est délibéré en Chambre du Conseil et rendu en audience publique. Le débiteur doit être entendu en personne à moins d'excuses reconnues valables par le Tribunal. Si la requête est admise, le jugement nomme un des membres du Tribunal Juge-Commissaire et un ou plusieurs liquidateurs provisoires. Ces derniers qui sont immédiatement prévenus par le greffier, arrêtent et signent les livres du débiteur dans les vingt-quatre heures de leur nomination et procèdent, avec celui-ci, à l'inventaire. Ils sont tenus, dans le même délai, de requérir les inscriptions d'hypothèques mentionnées en l'article 498 du Code de Commerce.

Dans le cas où une Société est déclarée en état de liquidation judiciaire, s'il a été nommé antérieurement un liquidateur, celui-ci représentera la Société dans les opérations de la liquidation judiciaire. Il rendra compte de sa gestion à la première réunion des créanciers.

Toutefois, il pourra être nommé liquidateur provisoire.

Le jugement qui déclare ouverte la liquidation judiciaire est publié conformément à l'article 442 du code de commerce. Il n'est susceptible d'aucun recours et ne peut être attaqué par voie de tierce-opposition. Cependant, si le Tribunal est saisi en même temps d'une requête en admission au bénéfice de la liquidation judiciaire et d'une assignation en déclaration de faillite, il statue sur le tout par un seul et même jugement rendu dans la forme ordinaire, exécutoire par provision et susceptible d'appel dans tous les cas.

ART. 5.—(Modifié par la loi du 4 avril 1890) : « A partir du jugement qui déclare ouverte la liquidation judiciaire, les actions mobilières ou immobilières et toutes voies d'exécution tant sur les meubles que sur les immeubles sont suspendues, comme en matière de faillite. Celles qui subsistent doivent être intentées ou suivies à la fois contre les liquidateurs et le débiteur. »

Il ne peut être pris sur les biens de ce dernier d'autres inscriptions que celles mentionnées en l'article 4, et les créanciers ne peuvent poursuivre l'expropriation des immeubles sur lesquels ils n'ont point d'hypothèque.

De son côté, le débiteur ne peut contracter aucune nouvelle dette ni aliéner tout ou partie de son actif, sauf dans les cas qui sont énumérés ci-après.

Art. 6. — Le débiteur peut, avec l'assistance des liquidateurs, procéder au recouvrement des effets et créances exigibles, faire tous actes conservatoires, vendre les objets sujets à dépérissement ou à dépréciation imminente ou dispendieux à conserver, et intenter et suivre toute action mobilière ou immobilière.

Au refus du débiteur, il pourra être procédé par les Liquidateurs seuls, avec l'autorisation du Juge-Commissaire. Toutefois, s'il s'agit d'une action à intenter, cette autorisation ne sera pas demandée, mais les liquidateurs devront mettre le débiteur en cause.

Le débiteur peut aussi, avec l'assistance des liquidateurs et l'autorisation du Juge-Commissaire, continuer l'exploitation de son commerce et de son industrie.

L'ordonnance du Juge-Commissaire qui autorise la continuation de l'exploitation est exécutoire par provision et peut être déférée, par toute partie intéressée, au Tribunal de Commerce.

Les fonds provenant des recouvrements et ventes sont remis aux liquidateurs, qui les versent à la Caisse des dépôts et consignations.

ART. 7. — Le débiteur peut, après l'avis des contrôleurs qui auraient été désignés conformément à l'article 9, avec l'assistance des liquidateurs et l'autorisation du Juge-Commissaire, accomplir tous actes de désistement, de renonciation ou d'acquiescement.

Il peut, sous les mêmes conditions, transiger sur tout litige, dont la valeur n'excède pas quinze cents francs.

Si l'objet de la transaction est d'une valeur indéterminée ou excédant quinze cents francs, la transaction n'est obligatoire qu'après avoir été homologuée dans les termes de l'article 487 du code de commerce.

L'article premier de la loi du 11 avril 1838

sur les tribunaux civils de première instance
est applicable à la détermination de la valeur
des immeubles sur lesquels a porté la transaction.

Tout créancier peut intervenir sur la demande
en homologation de la transaction.

Art. 8. — Le jugement qui déclare ouverte
la liquidation judiciaire rend exigibles, à l'é-
gard du débiteur, les dettes passives non
échues ; il arrête, à l'égard de la masse seulement, le cours des intérèts de toute créance non
garantie par un privilège, par un nantissement
ou par une hypothèque.

Les intérèts des créances garanties ne peuvent être réclamés que sur les sommes provenant des biens affectés au privilège, à l'hypothèque ou au nantissement.

Art. 9. — Dans les trois jours du jugement,
le Greffier informe les créanciers, par lettres et
par insertions dans les journaux, de l'ouverture
de la liquidation judiciaire, et les convoque à
se réunir, dans un délai qui ne peut excéder
quinze jours, dans une des salles du tribunal,

pour examiner la situation du débiteur. Le jour de la réunion est fixé par le Juge-Commissaire.

Au jour indiqué, le débiteur, assisté des liquidateurs provisoires, présente un état de situation qu'il signe et certifie sincère et véritable et qui contient l'énumération et l'évaluation de tous ses biens mobiliers ou immobiliers, le montant des dettes actives et passives, le tableau des profits et pertes et celui des dépenses.

Les créanciers donnent leur avis sur la nomination des liquidateurs définitifs. Ils sont consultés par le Juge-Commissaire sur l'utilité d'élire immédiatement parmi eux un ou deux contrôleurs.

Ces contrôleurs peuvent être élus à toute période de la liquidation, s'ils ne l'ont été dans cette première assemblée.

Il est dressé de cette réunion et des dires et observations des créanciers un procès-verbal portant fixation par le Juge-Commissaire dans un délai de quinzaine, de la date de la première assemblée de vérification des créances.

Ce procès-verbal est signé par le Juge-Commissaire et par le Greffier. Sur le vu de cette pièce et le rapport du Juge-Commissaire, le tribunal nomme les liquidateurs définitifs.

ART. 10. — Les contrôleurs sont spécialement chargés de vérifier les livres et l'état de situation présenté par le débiteur et de surveiller les opérations des liquidateurs ; ils ont toujours le droit de demander compte de l'état de la liquidation judiciaire, des recettes effectuées et des versements faits.

Les liquidateurs sont tenus de prendre leur avis sur les actions à intenter ou à suivre.

Les fonctions de contrôleurs sont gratuites. Ils ne peuvent être révoqués que par le Tribunal de Commerce sur l'avis conforme de la majorité des créanciers et la proposition du Juge-Commissaire. Ils ne peuvent être déclarés responsables qu'en cas de faute lourde et personnelle.

Les liquidateurs peuvent recevoir quelle que soit leur qualité, une indemnité qui est taxée par le Juge-Commissaire.

ART. 11. — A partir du jugement d'ouverture de la liquidation judiciaire, les créanciers pourront remettre leurs titres, soit au greffe, soit entre les mains des liquidateurs. En faisant cette remise, chaque créancier sera tenu d'y joindre un bordereau énonçant ses nom, prénoms, profession et domicile, le montant et les causes de sa créance, les privilèges, hypothèques ou gages qui y sont affectés.

Cette remise n'est astreinte à aucune forme spéciale.

Le Greffier tient état des titres et bordereaux qui lui sont remis et en donne récépissé. Il n'est responsable des titres que pendant cinq années à partir du jour de l'ouverture du procès-verbal de vérification.

Les liquidateurs sont responsables des titres, livres et papiers, qui leur ont été remis, pendant dix ans, à partir du jour de la reddition de leurs comptes.

ART. 12. — Après la réunion dont il est parlé en l'article 9, ou le lendemain au plus tard, les créanciers sont convoqués en la forme prévue par le même article pour la première assemblée de vérification. Les lettres de convocation

et les insertions dans les journaux portent que
ceux d'entre eux qui n'auraient pas fait à ce
moment la remise des titres et bordereaux
mentionnés en l'article 11, doivent faire cette
remise de la manière indiquée audit article,
dans le délai fixé pour la réunion de l'assemblée de vérification. Ce délai peut être aug-
menté, par ordonnance du Juge-Commissaire,
à l'égard des créanciers domiciliés hors du
territoire continental de la France.

La vérification et l'affirmation des créances
ont lieu dans la même réunion et dans les
formes prescrites par le Code de Commerce,
en tout ce qui n'est pas contraire à la présente
loi.

ART. 13. — Le lendemain des opérations de
la première assemblée de vérification, il est
adressé, en la forme prescrite en l'article 9,
une convocation à tous les créanciers invitant
ceux qui n'ont pas produit à faire leur produc-
tion.

Les créanciers sont prévenus que l'assemblée de vérification à laquelle ils sont convo-

qués sera la dernière. Cette assemblée a lieu quinze jours après la première.

Si des lettres de change ou des billets à ordre souscrits ou endossés par le débiteur et non échus au moment de cette dernière assemblée sont en circulation, les liquidateurs pourront obtenir du Juge-Commissaire la convocation d'une nouvelle assemblée de vérification.

ART. 14. — Le lendemain de la dernière assemblée, dans laquelle le Juge-Commissaire prononce la clôture de la vérification, tous les créanciers vérifiés, ou admis par provision, sont invités, en la forme prescrite par l'article 9, à se réunir pour entendre les propositions de concordat du débiteur et en délibérer.

Cette réunion a lieu quinze jours après la dernière assemblée de vérification.

Toutefois, en cas de contestation sur l'admission d'une ou plusieurs créances, le tribunal de commerce peut augmenter ce délai sans qu'il soit dérogé pour le surplus aux dispositions des articles 499 et 500 du Code de Commerce.

ART. 15. — Le traité entre les créanciers et

le débiteur ne peut s'établir que s'il est consenti par la majorité de tous les créanciers vérifiés et affirmés ou admis par provision, représentant en outre les deux tiers de la totalité des créances vérifiées et affirmées ou admises par provision. Le tout à peine de nullité.

Si le concordat est homologué, le tribunal déclare la liquidation judiciaire terminée. Lorsque le concordat contient abandon d'un actif à réaliser, les créanciers sont consultés sur le maintien ou le remplacement des liquidateurs et des contrôleurs.

Le tribunal statue sur le maintien ou le remplacement des liquidateurs. Les opérations de réalisation et de répartition de l'actif abandonné se suivent conformément aux dispositions de l'article 541 du Code de Commerce.

Dans la dernière assemblée, les liquidateurs donnent connaissance de l'état de leurs frais et indemnités, taxé par le Juge-Commissaire. Cet état est déposé au greffe. Le débiteur et les créanciers peuvent former opposition à la taxe dans la huitaine. Il est statué par le Tribunal en Chambre du Conseil.

Dans tous les cas où il y a lieu à reddition de comptes par les liquidateurs, la disposition du paragraphe précédent est applicable.

ART. 16. — Sont nuls et sans effet, tant à l'égard des parties intéressées qu'à l'égard des tiers, tous traités ou concordat qui, après l'ouverture de la liquidation judiciaire, n'auraient pas été souscrits dans les formes ci-dessus prescrites.

ART. 17. — Les prescriptions du décret du 18 juin 1880, contenant le tarif des droits et émoluments que les Greffiers des tribunaux de commerce sont autorisés à percevoir, sont applicables au cas de liquidation judiciaire comme au cas de faillite.

ART. 18. — La notification à faire, s'il y a lieu, au propriétaire, dans les termes de l'article 450 du Code de Commerce, est faite par le débiteur et les liquidateurs, avec l'autorisation du Juge-Commissaire, les contrôleurs entendus. Ils ont, pour cette notification, un délai de huit jours à partir de la première assemblée de vérification.

Art. 19. — La faillite d'un commerçant admis au bénéfice de la liquidation judiciaire peut être déclarée par jugement du Tribunal de Commerce, soit d'office, soit sur la poursuite des créanciers :

1° S'il est reconnu que la requéte à fin de liquidation judiciaire n'a pas été présentée dans les quinze jours de la cessation des payements ;

2° Si le débiteur n'obtient pas de concordat. Dans ce cas, si la faillite n'est pas déclarée, la liquidation judiciaire continue jusqu'à la réalisation et la répartition de l'actif, qui se feront conformément aux dispositions du deuxième alinéa de l'article 15 de la présente loi. Si la faillite est déclarée, il est procédé conformément aux articles 529 et suivants du Code de Commerce.

Le tribunal déclare la faillite à toute période de la liquidation judiciaire ;

1° Si, depuis la cessation de payements ou dans les dix jours précédents, le débiteur a consenti l'un des actes mentionnés dans les articles 446, 447, 448 et 449 du Code de Commerce, mais dans le cas seulement où la nullité aura été prononcée par les tribunaux compétents, ou reconnue par les parties ;

2° Si le débiteur a dissimulé ou exagéré l'actif ou le passif, omis sciemment le nom d'un ou plusieurs créanciers, ou commis une fraude quelconque, le tout sans préjudice des poursuites du ministère public ;

3° Dans le cas d'annulation ou de résolution du concordat ;

4° Si le débiteur en état de liquidation judiciaire a été condamné pour banqueroute simple ou frauduleuse.

Les opérations de la faillite sont suivies sur les derniers errements de la procédure de la liquidation.

Art. 20. — L'article 11 et les dispositions des paragraphes premier, troisième et quatrième de l'article 15 de la présente loi sont applicables à l'état de faillite.

Sont également applicables à l'état de faillite les dispositions de la présente loi concernant l'institution des contrôleurs.

Art. 21. — A partir du jugement d'ouverture de la liquidation judiciaire, le débiteur ne peut être nommé à aucune fonction élective ; s'il exerce une fonction de cette nature, il est réputé démissionnaire.

Art. 22. — L'article 549 du Code de Commerce est modifié ainsi qu'il suit :

« Art. 549. — Le salaire acquis aux ouvriers directement employés par le débiteur pendant les trois mois qui ont précédé l'ouverture de la liquidation judiciaire ou la faillite est admis au nombre des créances privilégiées, au même rang que le privilège établi par l'article 2101 du Code Civil pour le salaire des gens de service. »

« Les salaires dus aux commis pour les six mois qui précèdent le jugement déclaratif sont admis au même rang. »

Art. 23. — Le premier paragraphe de l'article 438 du Code de Commerce et le numéro 4 de l'énumération faite par l'article 586 sont modifiés comme il suit :

« Art, 438 § 1er. — Tout failli sera tenu, dans

les quinze jours de la cessation de ses payements, d'en faire la déclaration au greffe du
Tribunal de Commerce de son domicile. Le jour
de la cessation de payements sera compris
dans les quinze jours.

« ART. 586, 4ᵉ. — ... Si, dans les quinze
jours de la cessation de ses payements, il n'a
pas fait au greffe la déclaration exigée par les
articles 438 et 439, ou si cette déclaration ne
contient pas les noms de tous les associés solidaires. »

ART. 24. — Toutes les dispositions du Code
de Commerce qui ne sont pas modifiées par la
présente loi continueront à recevoir leur appli-
cation en cas de liquidation judiciaire comme
en cas de faillite.

ART. 25. — *Dispositions transitoires.* — Le
commerçant en état de cessation de payements
dont la faillite n'aura pas été déclarée ou dont
le jugement déclaratif de faillite ne sera pas de-
venu définitif à la date de la promulgation de
la présente loi pourra obtenir le bénéfice de la

liquidation judiciaire. Cette faculté s'exercera devant la juridiction saisie. La requête devra, dans tous les cas, être présentée dans la quinzaine de la promulgation.

Les faillites déclarées antérieurement à cette promulgation continueront à être régies par les dispositions du Code de Commerce. Sont toutefois applicables à ces faillites les dispositions de la présente loi concernant l'institution des contrôleurs.

Le jugement qui homologuera le concordat obtenu par le débiteur dont la faillite aura été déclarée antérieurement à la promulgation de la présente loi, ou qui déclarera celui-ci excusable, pourra décider que le failli ne sera soumis qu'aux incapacités édictées par l'article 21 contre les débiteurs admis à la liquidation judiciaire.

Cette disposition sera applicable à tout ancien failli qui aura obtenu son concordat ou qui aura été déclaré excusable. Il devra saisir par requête le Tribunal de Commerce qui a déclaré sa faillite et produire son casier judiciaire. Cette requête sera affichée pendant quinze jours dans l'auditoire. Le Tribunal statuera en chambre du conseil. Sa décision n'est susceptible d'aucun recours.

L'inscription sur les listes électorales pourra être faite à la suite de ces formalités, jusqu'au 31 mars, date de la clôture des listes.

ART. 26.—La présente loi est applicable aux colonies de la Guadeloupe, de la Martinique et de la Réunion.

Nimes. Imprimerie Régionale, *J. Michel-Artaud*, d^r, r. Bernard-Aton,2.

Nimes. Imprimerie Régionale, J. Michel-Artaud, dr. r. Bernard-Aton, 2.